HOMENS

© 2017 by Universo dos Livros
Todos os direitos reservados e protegidos pela Lei 9.610 de 19/02/1998.
Nenhuma parte deste livro, sem autorização prévia por escrito da editora, poderá ser reproduzida ou transmitida sejam quais forem os meios empregados: eletrônicos, mecânicos, fotográficos, gravação ou quaisquer outros.

Diretor editorial: **Luis Matos**
Editora-chefe: **Marcia Batista**
Assistentes editoriais: **Aline Graça e Letícia Nakamura**
Preparação: **Jonathan Busato**
Revisão: **Cely Couto e Giacomo Leone Neto**
Capa: **Zuleika Iamashita**
Projeto gráfico: **Francine C. Silva e Renato Klisman**
Ilustrações: **Natalia Skripko/Shutterstock**
Ícones: **Alice Vacca, AnnaKu, davooda, Redcollegiya, schab/Shutterstock**
Foto de capa: **Amanda Valerio**

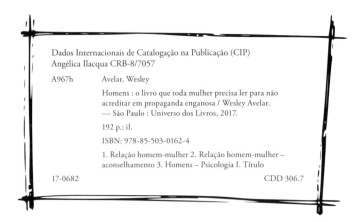

Dados Internacionais de Catalogação na Publicação (CIP)
Angélica Ilacqua CRB-8/7057

A967h   Avelar, Wesley
            Homens : o livro que toda mulher precisa ler para não acreditar em propaganda enganosa / Wesley Avelar. –– São Paulo : Universo dos Livros, 2017.
            192 p.: il.
            ISBN: 978-85-503-0162-4

            1. Relação homem-mulher 2. Relação homem-mulher – aconselhamento 3. Homens – Psicologia I. Título

17-0682   CDD 306.7

Universo dos Livros Editora Ltda.
Rua do Bosque, 1589 – Bloco 2 – Conj. 603/606
CEP 01136-001 – Barra Funda – São Paulo/SP
Telefone/Fax: (11) 3392-3336
www.universodoslivros.com.br
e-mail: editor@universodoslivros.com.br
Siga-nos no Twitter: @univdoslivros

Wesley Avelar

Criador de "Faça jus à sua barba",
com mais de 1,3 milhão de seguidores

HOMENS

O LIVRO QUE TODA MULHER PRECISA LER PARA NÃO ACREDITAR EM PROPAGANDA ENGANOSA

São Paulo
2017

UNIVERSO DOS LIVROS

Sumário

Introdução 09

Relacionamento sério: queremos! 15

Autoestima 21

Reciprocidade 27

Príncipes não existem, homens decentes sim 33

Os homens são todos iguais? 39

Dicas: o primeiro encontro 45

O que não se pode dizer a uma mulher 53

O que não se pode dizer a um homem 61

Tutorial: como conquistar um cara em cinco passos 69

Apps de relacionamento: uma boa ou furada? 75

"Pega, mas não se apega" é coisa do passado 81

Mulheres que tomam a iniciativa 87

Por que os homens mentem? 93

Quem é legal mora longe? 99

Será que ele não está a fim de você?......109
Teste: será que ele é um cafajeste?......113
Tutorial: praticando o desapego em cinco passos......121
Ser fiel......127
Discutindo a relação......133
Relacionamentos tóxicos......139
Como rasgar seu papel de trouxa......145
Como esquecer o ex......151
O homem de cada signo......163
O poder da mulher......171
Toda forma de amor......177
Papo de barbudo para barbudo......181
Agradecimentos......187

Mas, peraí: como assim um cara barbado falando sobre *relacionamentos*? Como assim um cara barbado que acredita no *amor*?

Você deve estar se perguntando sobre isso – e acho uma pergunta válida. Sei que pode até chegar a duvidar da minha identidade. Posso dizer que eu também já tive dúvidas a meu respeito, eu mesmo já questionei se minha barba guarda mesmo toda essa sabedoria que dizem.

Acontece que eu nem sempre fui esse cara. Nem sempre fui esse cara que se apega, que sonha em ser o homem da vida de uma mulher. Esse cara que sonha em ver a mulher da sua vida entrando de noiva no altar. Que deseja planejar a casa, nome dos filhos e cachorros – e que atire a primeira pedra quem nunca imaginou isso logo que conheceu o crush, ou o suposto amor da sua vida.

Eu sou esse cara hoje, mas já fui moleque um dia. Moleque mesmo, estilo aqueles que tiram a paz de uma mulher. Já imaginou o tipo, né? Aposto que todo mundo já identificou. Você certamente já sofreu por um cara assim, já foi esse cara, ou tem um amigo parecido. É daquele que diz que vai ligar e não liga, daquele que não dá valor para a mulher incrível que está bem ali ao seu lado. Já fui, sim, daqueles que só quer saber de pegação, jamais um compromisso – como todo bom moleque.

Esse cara, no entanto, está esquecido no passado (talvez junto com o caderninho de contatos de um bom cafajeste). O cara de hoje acredita que vale a pena ser um homem íntegro, com princípios, e que pretende fazer a mulher que ama a mais feliz do mundo. O cara de hoje quer ser convidado para o churrasco na casa da sogrona e do sogrão – com ambos gostando dele.

Hoje eu quero ser feliz ao lado daquela pessoa que vale a pena, encontrar o mozão da minha vida e todo aquele combo: Netflix + brigadeiro + cafunés eternos. Eu quero pensar em nomes dos filhos, quero dar satisfações naquele dia específico em que demorei mais tempo para ligar porque acabou a bateria do celular. Porque quero estar com alguém que se importe comigo.

E acho que, por isso, você pode se identificar com o que digo aqui nestas páginas. Sim, você mesmo: você que é solteira, que está arrasada porque o crush deu perdido, ou que está em um relacionamento sério. Porque aqui vamos falar de relacionamentos em todos os aspectos: relacionamento com você, relacionamento com o amor da sua vida e relacionamento com a própria vida.

Não prometo que meus conselhos serão perfeitos; somos seres humanos, vamos quebrar muito a cabeça e errar um bocado para chegar aonde queremos. Mas garanto que vamos trocar muitas ideias sobre como nos amarmos em primeiro lugar e encontrar alguém que nos ame na mesma proporção (#ficadica que esse é o caminho).

Wesley Avelar

Atenção!

Antes de começarmos nossa jornada, quero fazer um alerta: não há relacionamento perfeito, e não existe príncipe do cavalo branco. Até porque nós mesmos não somos perfeitos, não é mesmo? Que fique claro logo de cara que o que existe são pessoas querendo fazer o relacionamento dar certo, com valores e atitudes que resultem em um "felizes para sempre" real. Portanto, não busque um príncipe num cavalo branco. Aliás, que ele mesmo não seja um cavalo, ou não dê mais valor para o cavalo do que para você.

Estamos acertados?

Bom, agora
podemos conversar.

Relacionamento sério: queremos!

Passa carnaval, chega carnaval e parece que o objetivo é um só: quantidade! Quantos caras não saem por aí arrasando corações só para contar aquela vantagem para os amigos? Quantos caras não ficam se gabando por terem feito o gol e saído para comemorar sem nunca mais voltar? O lema é "quanto mais pegação, melhor". Quer dizer, isso para alguns.

Você, me vendo na rua sem me conhecer realmente, poderia achar que eu faço parte desse time. E poderia se perguntar: será que ele só deixou a barba crescer para conquistar as mulheres? Talvez não, talvez sim.

Na minha playlist, "azaração sem sentimento", está junto dos clássicos esquecidos, aqueles que não encaixam mais, não valem mais nem para relembrar. Tipo É o Tchan anos 1990. Tipo Sandy & Junior época "Que cocê foi fazer no mato, Maria Chiquinha?". Já passou, já foi e agora não faz mais sentido.

Eu também era esse moleque, como já disse. Mas, a barba cresceu, a idade chegou e passei a rever os meus valores. Ou melhor: passei a buscar valores que já estavam dentro de mim, só não reconhecia. Foi aí que percebi que quantidade sem qualidade não vale a pena. Percebi que o que vale a pena mesmo é ter ao seu lado alguém que você realmente queira fazer feliz, que também queira te fazer feliz. Aquele esquema de você dar amor e vice-versa (♥).

E ser feliz nunca sai de moda: independentemente da idade, o amor sempre vai ser um clássico. E foi assim que eu decidi que queria e lutaria por um relacionamento sério. Mas não um relacionamento qualquer: um relacionamento de verdade, que não seja só para alterar status no Facebook. Mesmo porque existe muita sabedoria no já batido clichê "antes só do que mal acompanhado".

Ser feliz ao lado de alguém é também uma decisão a ser tomada, porque obriga a reconsiderar muitos fatos na vida.

Faz (ou deveria fazer) perceber que só vale a pena investir em quem quer um relacionamento sério – e, mais importante ainda, quem quer um relacionamento sério com você. Porque não queremos investir em relacionamentos fadados ao fracasso, certo? Ou em relacionamentos que nunca vão acontecer.

Essa resposta é muito fácil: "Não, não queremos isso!", todos gritam em alto e bom som. Claro, também sei que às vezes o caminho é tortuoso e envolve muitas pedras a serem tiradas. Mas, acredite em mim, quando você alcançar o seu objetivo, vai perceber como tudo é mais simples do que parece (quem já encontrou o amor de verdade, daqueles pra vida inteira, sabe do que estou falando).

Imagino que, se você chegou até aqui e está com este livro nas mãos, é porque já decidiu que quer ter um relacionamento sério, ou pelo menos passar tempo com alguém que valha a pena. Você quer fazer parte daquela turma que curte um carnaval mais tranquilo (ou um carnaval animado, mas acompanhado, se você for do agito), que troca presente no Dia dos Namorados e acorda com um sorriso no rosto ao lembrar que tem um amor de verdade ao seu lado. E trocar apelidos carinhosos e bregas que só fazem sentido para o casal.

Você quer, não quer? Ok, talvez sem apelidos carinhosos clássicos. Mas um "eu te amo" todos os dias não pode fazer mal a ninguém! Quem nunca sorriu sozinho por causa daquela mensagem romântica e inesperada que chegou no meio do dia? Sim, isso faz a vida valer a pena.

E, se você está quase desistindo de encontrar aquele alguém especial, continue! Você pode apenas estar procurando no lugar errado, e não olhando para o que está próximo! Mas vamos conversando aos poucos até que tudo faça sentido...

#FICADICA:

Antes de ter um relacionamento sério com alguém,

tenha um relacionamento sério com você!

Autoestima

Agora é hora de termos um papo sério. Um papo reto mesmo. Mas, confia em mim, estou falando isso para o seu próprio bem. Pare por um segundo e reflita sobre esta pergunta: você já se amou o bastante hoje? Já lembrou do quanto é suficiente do jeito que é? Se respondeu "não" para essas duas perguntas, acho bom começar a rever seus conceitos.

Afinal, como quer estar em um relacionamento com alguém realmente especial, se nem se considera legal o bastante para isso? Se nem se considera suficiente? Complicada essa equação – não fecha, né? Só 1+1 pode ser 2; 0+1 nunca vai resultar em um par. É aquele velho clichê, que guarda a sabedoria de barbudos que vieram antes de mim: "um meio nunca vai ser um inteiro".

Se percebeu que não está se amando o suficiente, ou está vivendo para outra pessoa, não se desespere. Vamos inverter esse jogo. Agora! Chegou a hora de ir atrás da vitória. E para ganhar uma batalha é preciso conhecer e desenvolver suas próprias qualidades.

Tenho certeza de que, no fundo, você já sabe tudo isso que vou dizer, mas algo a fez se esquecer. Então vou lembrá-la de vez: não se deve viver para agradar um homem. Viver em prol de um homem, não existe isso! Não faz o menor sentido.

Talvez, em algum momento da história da humanidade, infelizmente as mulheres tenham tido que se submeter aos homens. Mas isso já passou, ficou para a história. Hoje, a mulher luta cada vez mais pelo seu espaço e por quem ela quer ser de verdade.

E é por isso que eu digo: esteja bonita para você, para agradar a você e a ninguém mais. Até porque, vamos combinar, se está se vestindo da forma que outra pessoa deseja, ou apenas para que aquela pessoa te note, não está sendo você. Certo? Aliás, para que estar com alguém que faz você se afastar de si mesma?

Um relacionamento legal é aquele em que cada parte do casal respeita a individualidade do outro, e assim, na equação do amor (sim, amor é pura matemática!), essas individualidades são elevadas à total potência. Por isso, nessa equação, é preciso se amar e se respeitar em primeiro lugar. Porque a coisa mais fácil do mundo é ser desrespeitada e deixada para escanteio quando nem você acredita em todo o seu potencial.

Portanto, seja uma potência, seja a mais linda da balada, mas, SEMPRE E EM PRIMEIRO LUGAR, só por você! Aí, linda e confiante, certamente você vai atrair naturalmente a atenção de alguém que vai saber notá-la. E a mágica acontece...

Eu já disse isso, mas quero repetir
para vocês não esquecerem nunca!
É quase um poema:

Mulher não se arruma
pra outra mulher

Mulher não se arruma
pro homem

Mulher se arruma pra se ver no
espelho e dizer:

"Eita, que mulherão!!!"

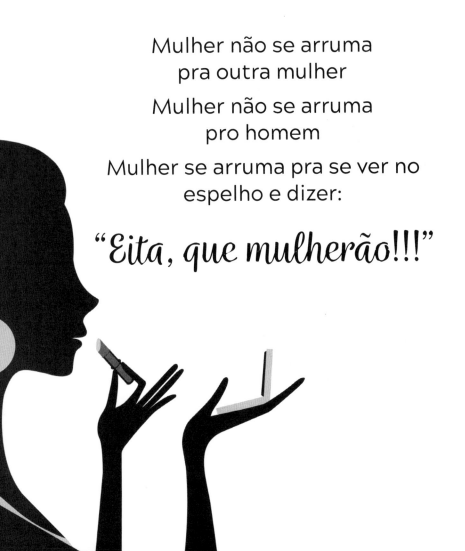

A vida é muito louca, né? Tudo é tão efêmero... O tempo passa tão rápido que às vezes nem vemos para onde ele está indo. Será que estamos aproveitando tudo? Será que estamos indo no rumo certo? Será que estamos no nosso caminho particular? Eternas perguntas que rodam em nossas cabeças como mosquinhas que não saem de perto...

Calma, antes de ficar um papo filosófico demais, vamos voltar para a Terra um pouquinho. A pergunta que devemos fazer e responder sempre pode ser apenas esta: será que estou gastando o meu tempo com o que realmente importa? Não há nada que faça mais sentido ao refletir: afinal, se o nosso tempo nesta vida corrida no planeta é tão limitado, devemos apenas gastar nossa energia com aquilo que seja realmente importante.

E isso vale para tudo na vida, inclusive (e especialmente) quando o assunto é relacionamento. Afinal, não está com nada gastar energia com quem não gasta nem 0,1 kW com a gente. A batalha só vale a pena quando for um amor pra valer mesmo. Daqueles de deixar sem ar. Daqueles de ligação na madrugada, porque um não aguenta ficar longe do outro. E você não merece nada menos que isso!

E olha só, por favor, hein, se você está nessa de investir em algo que não tem nenhum retorno, aquela coisa empacada que não vai pra frente, já vamos parando! Não perca mais sua energia! Vire a página! Comece um capítulo novo! Mesmo porque você quer estar disponível quando aquela pessoa, *a pessoa especial*, aparecer. Já imaginou que desperdício nem percebê-la passando ao seu lado porque está ali perdendo seu tempo com algo que não vai pra frente? Não, sem condições!

Então, se for o caso, comece desde já a fazer aquela boa limpeza na sua vida. Joga fora aquelas coisas que estão na gaveta sem uso, renove sua energia, renove o seu círculo de relacionamentos! Só isso já vai dar uma boa melhorada nas suas possibilidades. E, garanto mesmo, selo *Faça jus à sua barba* de qualidade de conselho: os melhores amores são os recíprocos. Porque só esses realmente dão certo.

E você quer dar certo com a pessoa certa, não é mesmo? Talvez você não consiga compreender isso enquanto acredita que aquele traste que nunca te procura, nunca tem tempo pra você, é o amor da sua vida.☺ Mas, quando encontrar a reciprocidade e conhecer a sua simplicidade, você vai compreender a diferença. Vai ver como tudo é mais bonito porque é mais simples.

E, enquanto isso não acontece, que tal começar a dar espaço para coisas melhores na sua vida, se elas ainda não chegaram?

Reciprocidade é o melhor tesão da vida.

Pílula de descontração:

Relacionamento recíproco é igual a ganhar na Mega-Sena...

... opa: há maiores chances de encontrar reciprocidade em um relacionamento do que de ganhar na Mega-Sena, viu?

(Respira fundo, não quero você desistindo de encontrar um alguém que realmente valha a pena! Ainda não, pelo menos!)

Eles estão em todas as produções da Disney. Estão em todos os filmes com o final "e viveram felizes para sempre". Estão em todas as novelas, em todos os Carlos Daniel que já encontraram sua Maria do Bairro. Sendo assim, onde se esconderam esses príncipes fora da telinha?

A julgar por todos esses filmes e dramalhões mexicanos, o mundo está povoado por príncipes encantados doidos para encontrar suas princesas indefesas. Mas onde estarão esses príncipes na vida real? Onde eles moram? O que comem? Serão de outro planeta? Acompanhem o próximo livro para uma análise mais profunda! (rs, apenas um suspense para descontrair.)

No entanto, não precisamos de uma análise muito complexa para imaginar o impacto que essas histórias têm na vida real, e deve ser por isso que tem muita gente por aí querendo esbarrar em um príncipe encantado. Toda essa fantasia e aparência de vida perfeita, de homem perfeito, faz com que as mulheres não aceitem nada menos do que o príncipe Harry como parceiro. E, para tristeza geral da nação feminina, só existem dois príncipes da Inglaterra, que estão praticamente fora do mercado.

Mas agora falando sério: essa história de príncipe encantado talvez seja uma das grandes explicações da dificuldade que algumas mulheres têm para se relacionar hoje em dia. Afinal, estão buscando algo inatingível, um ideal de homem que só funciona nos filmes, não na vida real. Esses príncipes não existem quando a vida acontece com sua rotina e suas manhãs de segunda-feira para acordar às sete da madruga.

E sabe por quê? Ao contrário do que se fantasia, o príncipe da vida real tem defeitos. Ele fica de mau humor e às vezes vai te magoar. Às vezes, ele não vai te ligar na hora que você queria – não por descaso, mas porque simplesmente não deu. Ele não te dará flores todos os dias, e vai responder atravessado quando estiver com fome.

E tudo bem. Porque ele vai te dar flores em momentos especiais. Porque ele vai demonstrar do seu jeito que ele se importa com você. Vai estar presente nas horas mais difíceis e ser seu maior parceiro. E vai fazer com que você aceite e compreenda os defeitos dele, assim como ele compreenderá os seus.

Apesar da "glamourização" em torno de um homem perfeito, um romance perfeito, me deixa aliviado perceber que muitas mulheres já sabem que esse cara perfeito não existe, que não é para elas. Nesse caso, o que importa, de verdade, é que o homem ao seu lado seja alguém com caráter, alguém que divida com você os mesmos valores.

Afinal, a beleza pode acabar, mas o caráter não. E é por isso que quem quer estar em um relacionamento deve se despir dessa ideia de perfeição. Deixar lá no passado, junto com aqueles caras que não dão a mínima, que não reparariam em você nem se pintasse seu cabelo de roxo. Alguém cego para você não merece toda a sua visão!

Por isso, se eu pudesse sintetizar em um único conselho tudo o que disse até agora, apenas recomendaria que você não se preocupe em achar o homem ideal, que atenda a todos os milhares de requisitos da lista imaginária (alto, atlético, rico, bonito, educado, que ame os animais, que queira se casar e ter filhos, e por aí vai, não é mesmo?). Não se preocupe com a perfeição, porque ela não existe, nem aqui nem nos filmes (já parou pra pensar no que acontece depois que o filme acaba? Em como a história continua?).

Para estar em um relacionamento, é preciso estar aberta às diferenças; é preciso que haja aceitação. Portanto, tenha apenas em mente a preocupação de achar o homem com quem você sintonize, que te deixe em paz e não sem sono por causa de preocupação. Sofrer eternamente por amor também só dá certo nas novelas mexicanas!

Então desapega do sofrimento, desapega da idealização e vá atrás do real, do que existe e do que realmente importa! Porque a felicidade de verdade só acontece com pessoas reais, em momentos reais.

Em vez de buscar o príncipe encantado, lute pelo seu príncipe real!

Observação: mulher não é boba; ela sabe qual homem vale uma noite e qual vale uma vida... ;)

É engraçado como temos mania de generalizar tudo. Se alguém é chato um dia conosco, já o tachamos como o chato do pedaço. Se alguém responde torto, já o classificamos como o mais mal-educado que existe. Se alguém com blusa rosa é extremamente inconveniente, automaticamente associamos todas as pessoas de blusa rosa como as mais inconvenientes da vida. Mas é um pouco irracional viver assim, não é?

Apesar de sermos considerados os seres mais inteligentes do planeta, muitas vezes agimos como os menos inteligentes, não utilizando toda a capacidade que temos de comunicação e raciocínio para vivermos bem em sociedade. Em alguns momentos (para não dizer a maioria), o que menos conseguimos é viver em comunidade, respeitando uns aos outros.

E acho que essa mania de generalização acabou atingindo toda a raça masculina. Todos os homens do planeta Terra são fortes candidatos a ocupar a posição dos que "não prestam", dos que são iguais em seu jeito cafajeste de ser. Ou seja: dos que nunca vão ocupar o papel de príncipe que discutimos no texto anterior. E é engraçado como as mulheres afirmam categoricamente e em coro que "todos os homens são iguais". Eu me pergunto se houve um teste do Inmetro que avaliou o caráter de todos os bilhões de homens do planeta...

Veja, venho aqui em nome da raça para lutar contra essa generalização. Quem me acompanha sabe que falo mesmo quando acho que uma atitude masculina não condiz com os bons valores, quando algum representante da ala masculina não trata bem as mulheres. Mas também tenho que defender a nós, homens, quando somos vítimas de injustiça.

Não estou aqui para acabar com a minha raça, acredite! Por isso digo que também não é verdadeira essa tese estilo "conspiração do fim do mundo" de que todos os homens são iguais, porque não somos! Mesmo um homem pode ser muitos homens diferentes ao longo de sua vida.

Acredito que, na realidade, o homem tem fases, e algumas podem fazer parte do time "esse não presta", enquanto outras não. Eu mesmo, como já contei aqui, já fui algumas vezes esse cara que não prestava, que não tratava muito bem as mulheres com as quais me envolvia.

Acredito também que um homem muda conforme a mulher que está ao seu lado. Antes que me taquem pedras, me chamando de machista, explico: não que eu considere que algumas mulheres merecem menos respeito de um homem, mas o fato é que mesmo o mais cafajeste do mundo, quando está envolvido, vai se transformar em um homem que presta, sim. E, para ser sincero, vai virar o "cachorrinho" da namorada.

Mas, pelo amor de Deus, não vá pensar que dá para "salvar" aquele cafajeste que está na sua mira atualmente, acreditando eternamente na história de que "com você vai ser diferente!". Não vamos esquecer da questão da sincronicidade e da reciprocidade: se o cara não dispensar nenhuma energia para estar com você, não vá fazer isso por ele.

Não, não vamos nem começar com essa discussão de novo, porque não vale a pena! Apenas precisamos ter em mente que os homens não são todos iguais, assim como as mulheres não são todas iguais. O importante é saber com quem você dá match! ♥

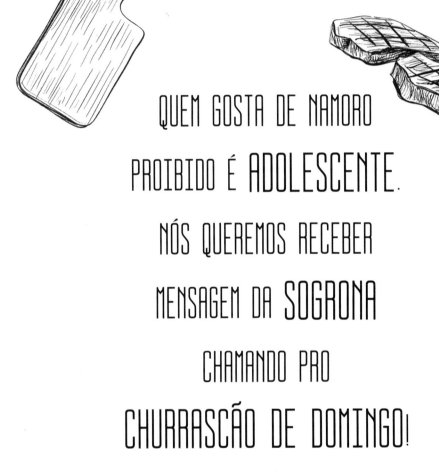

QUEM GOSTA DE NAMORO PROIBIDO É **ADOLESCENTE**.

NÓS QUEREMOS RECEBER MENSAGEM DA **SOGRONA** CHAMANDO PRO **CHURRASCÃO DE DOMINGO!**

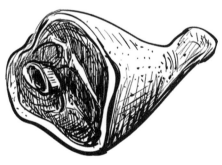

DICAS:
o primeiro encontro

O primeiro encontro pode ser o primeiro dia do resto da sua vida. Pode ser o dia sobre o qual você vai contar para os seus filhos, suspirando com os momentos românticos e rindo dos desastrosos. E quem nunca cometeu gafes no primeiro encontro que atire a primeira pedra! Nada mais natural: afinal, o nervosismo e a falta de intimidade com a outra pessoa pode gerar situações, digamos, engraçadas.

O primeiro encontro pode ser também só mais um encontro com uma pessoa que passou pela sua vida e não precisa ficar. É aquela história do foi bom, valeu, mas adeus! Sendo uma situação ou a outra (e a gente torce sempre pelo amor!), o importante é estar preparada para o primeiro encontro e fazer o possível para que não haja pedras pelo caminho. Porque, assim como o amor, o primeiro encontro pode ser considerado uma arte.

Vamos deixar claro que o primordial é ser você mesma! De nada adianta fingir ser algo que não é, porque, se for o caso de amor, depois vai ser preciso fingir a vida inteira, interpretar um papel de alguém que você incorporou no primeiro encontro só para supostamente conquistar a outra pessoa. E isso, certamente, não vai gerar um relacionamento de verdade, que é sempre o objetivo aqui!

Bom, tirando o fato básico de ser você mesma, há mais alguns conselhos. Passei todo o tempo de crescimento da minha barba refletindo sobre como passar com nota dez pelo primeiro encontro. Vou dividir um pouco dessa sabedoria com vocês:

ೞ Apenas tenha um primeiro encontro com quem vale um primeiro encontro!

Acho que vou incluir essa regra na lista do básico e essencial também. Sim, sou super a favor de dar chances e se abrir para a oportunidade de conhecer alguém, mesmo quando não se está tão interessado assim. Mas não. Não sou a favor de um primeiro encontro com alguém que não foi aprovado no quesito básico da reciprocidade que discutimos antes. Se bateria, mestre-sala e porta-bandeira não andarem juntos e criarem harmonia, se não forem nota dez, nem vale a pena tentar. Lembre-se de só perder tempo com quem perde tempo com você.

ဆ Não leve uma amiga!

Apenas complementando a dica anterior: se você está desconfiada de que o seu match é um psicopata, alguém que não vai fazê-la se sentir bem, apenas não vá! Não ache que esse cara é a sua última chance da vida, a ponto de levar uma amiga para o encontro. Se não for alguém confiável, o melhor é deixar o encontro pra lá, sair para se divertir só com a amiga mesmo, e guardar o look do dia que você está louca para inaugurar para um encontro que valha a pena.

ဆ Faça um planejamento!

Conquistar o homem da sua vida deve ser muito simples pela conexão e sinergia, mas também exige esforço de sua parte. Por exemplo: se o crush não estiver com muitas ideias do que fazer, pense em algo que seja legal para os dois, planeje o encontro e se prepare para o grande momento. Se você for de se atrasar, tente fazer um esforcinho nesse dia para não correr o risco de deixar o crush esperando por muito tempo. Isso, certamente, não vai deixá-lo muito feliz!

ಬ Use algo com que você se sinta muito bem!

Para convencer alguém que é digna de ser amada, antes você precisa se amar, precisa exalar amor pelos seus poros. Para isso, confiança em si mesma é um afrodisíaco! Apenas saia se for pra arrasar: perfume, uma maquiagem de leve e uma roupa que te deixe confortável e linda ao mesmo tempo são essenciais. O objetivo é causar um verdadeiro impacto ao encontrar o crush.

ಬ Não use batom vermelho!

Calma, antes que me chamem de machista, não estou dizendo isso porque batom vermelho não é de mulheres direitas, ou é usado por quem não quer compromisso. Não, nada disso! Apenas acho que não faz sentido sair com um batom vermelhão se você pretende ficar com a pessoa! Não vai ser nada romântico o primeiro beijo se você ficar com o batom todo borrado e pintar a boca do crush de vermelho, não é? Simplesmente é melhor evitar!

ಬ Ouça um pouco!

Eu imagino que você deve gostar de falar, contar sobre você e expressar seus sentimentos para alguém que pode ser o homem que vai passar a vida ao seu lado – assim como todas as mulheres do mundo. Mas tente conter a ansiedade um pouco e estimule um diálogo verdadeiro, onde as duas partes participem e os assuntos sejam de interesse dos dois. Se o crush gostar de futebol ou videogame, não custa falar um pouco sobre esses temas, mesmo que você não goste, não é mesmo? Se for o caso de os dois gostarem do tema, explore bastante a conversa e deixe rolar. Mesmo se rolar um silêncio, não tem problema, é normal – afinal, as melhores pessoas para ter do lado são aquelas com as quais compartilhamos momentos de silêncio sem sentir desconforto. Então faça o teste! ☺

ଈ Não esqueça o bom humor em casa!

Ninguém quer estar com alguém que não entrosa, não ri, não se abre, não é mesmo? Então não seja essa pessoa: mesmo se estiver um pouco nervosa, deixe rolar uma descontração, um espaço para risadas e brincadeiras. Fazer a outra pessoa rir, assim como dar risadas por causa do outro, é uma das coisas mais gostosas e essenciais em um relacionamento.

ଈ Esqueça o celular!

Esse é um ato de educação mínimo, não concorda? Não é nada agradável estar com alguém desinteressado, que apenas fica no celular o tempo todo. Não seja essa pessoa!

Ufa, acho que deu de dicas já! Como você pode perceber, tenho uma boa compreensão do assunto, o que significa que coleciono fracassos nesse quesito e já aprendi o suficiente para compartilhar os aprendizados. São fracassos e mais fracassos que, resumidos e analisados, resultaram na listinha que dividi aqui.

São apenas dicas que dou de coração para que o seu encontro dê certo! Se eu puder finalizar com mais uma simples sugestão, apenas digo: curta! Curta o encontro independentemente do que acontecer no futuro. Afinal, como já vem sendo dito, o que for para ser, será!

No jogo do amor, só vence quem está disposto a ser verdadeiro...

...mas

será que vence quem segue as regras ou quem inventa as próprias regras?

O que não se deve dizer a uma MULHER?

Este é um tema que gera barulho (ok, mais um dos temas do barulho tratando-se de relacionamento, rs): o que não se deve em hipótese alguma dizer a uma mulher? Separei aqui as frases mais clássicas para que possamos refletir bem sobre elas. São as frases do terror!

Você deve estar com um sorrisinho irônico: ah, e como você, sendo um cara, sabe relacionar todas essas frases? Ok, assumo minha culpa, assino em papel timbrado no cartório se for necessário: são frases que, infelizmente, em algum momento eu já disse para as minhas namoradas. E o erro foi logo percebido, já que geraram as piores reações possíveis.

Para a lista não ficar muito extensa (material tem!), vou apenas citar as mais famosas falas inconvenientes, e deixar para você a tarefa de analisar quais delas a deixam mais %*#@ da vida!

As frases estão com um espacinho assim ao lado ⬭, se quiser, pode classificar as frases que mais te irritam, sendo 7 a menos irritante e 1 a campeã de irritação. Ah, para exorcizar a raiva que teve nessas horas, vou deixar umas linhas abaixo de cada frase para você responder tudo o que gostaria de ter respondido no momento e talvez não tenha dito. Mas, depois disso, joga a mágoa na lata de lixo, viu?

⬭ Fica calma que vai dar tudo certo!

Observação: frase expressada quando a mulher está preocupada com alguma coisa que a faz chorar muito. E, claro, dita com a maior tranquilidade do mundo.

⬭ Acho melhor você não ir!

Observação: se há ciúmes na parada, o melhor é ser honesto!

_____

_____

_____

_____

⬭ Amor, quando é seu aniversário?

Observação: a mulher nunca vai esquecer que a pessoa ao seu lado não sabe nem a data do seu aniversário!

_____

_____

_____

_____

⬭ Você está de TPM?

Observação: se não está, ela vai ficar!

_____

_____

_____

_____

☐ Amor, para de chorar!

Observação: vide a frase "Fica calma que vai dar tudo certo".

☐ Amor, você já está pronta? Vai com essa roupa?

Observação: pra que dizer isso quando a mulher já está toda arrumada?

☐ Você engordou?

Observação: sem explicação necessária. Só que não deve ser dita nunca. Nunca mesmo!

Razão é igual menstruação. Só mulher tem.

(Melhor aceitar de uma vez.)

Antes que me venham falar que eu só defendo as mulheres, vou inverter um pouco a situação: o que as mulheres dizem aos homens que nunca deve ser dito? Quais colocações devem ser evitadas ao máximo para o bem do relacionamento? Hora de olhar do outro ângulo, para saber o que a ala masculina sofre (porque, verdade seja dita, nós sofremos muito com vocês também!)

Vale ressaltar que a intenção em nenhum momento aqui é ser o chato do rolê, apontando o dedo para o erro dos outros. Longe disso: não quero dar uma de guarda de trânsito e sair por aí dando multas a cada ultrapassagem no semáforo vermelho (mesmo porque, se eu fosse mesmo dar multas, nem sei se haveria bloquinho suficiente, viu?). Minha intenção é apenas ajudar a formar e manter casais felizes pelo mundo! ☺

Por isso é importante que as mulheres saibam que algumas frases incomodam os homens, e esse incômodo pode ser evitado. Aqui também sou expert no assunto, já que sofri com essas frases em antigos relacionamentos. Total solidariedade com os homens que já sofreram essas investidas e os que ainda podem sofrer.

Fazer voz de neném, usar diminutivo

Não. Nós homens não somos fofinhos, bonitinhos, e muito menos delicadinhos! Chamar o seu namorado de qualquer coisa no diminutivo não é nada "fofinho" na visão dele – apenas está ferindo sua masculinidade. O ideal é evitar, ou chamá-lo de lindão mesmo, gostosão, e por aí vai.

Indicar amigos

É aquela história: "Ah, sabe o Daniel que eu te falei outro dia? Nossa, você ia se dar muito bem com ele!". Às vezes pode ser difícil de acreditar, mas temos capacidade de fazer amizade sozinhos. Não vejo sentido em querer indicar amigo para um homem; apenas vai parecer que você o considera um solitário, que você quer se aproveitar do novo amigo para ficar longe do namorado um tempo, ou pior ainda: que você quer brifar as amizades dele. Apenas deixe que seu parceiro arranje os próprios amigos.

"Ah, eu queria te contar, mas ela queria segredo!"

A namorada está em um papo interminável no WhatsApp com a amiga, dando risinhos aleatórios sem contar o motivo. Após um tempo agindo assim, ela apenas te olha e diz: "Ah, não posso te contar! Prometi que guardaria segredo!". Como assim um segredo entre um casal que deveria ser um? Como assim se fazer de misteriosa ali com você? Se é para não contar realmente, o melhor é não ficar de risadinhas ao lado do namorado.

Fazer comparação

Sabe aquela velha história de "Ah, você é o melhor cara que eu já tive na vida. Os outros eram uns idiotas"? Não, isso não soa como um elogio para os ouvidos masculinos: apenas dá a entender que você compara sem parar o seu namorado com todos os outros homens que já teve na vida. Dá pra entender que isso não é nada agradável – apenas está colocando o suposto "melhor cara que você já teve na vida" com a cara na lama.

"Eu sei que você gosta do seu amigo, mas ele é um idiota"

Um homem não precisa saber se a namorada não gosta de seu amigo. Esta é uma colocação inconveniente, especialmente se for uma amizade de longa data, e apenas uma opinião pessoal da mulher, que não deve refletir na amizade entre ambos.

"A gente precisa conversar..."

E reticências, sem mais nenhuma pista! Como assim precisa conversar? Sobre o que precisa conversar? Até chegar a hora da conversa, o cara já está fazendo retrospectiva da vida inteira e surtando por possíveis coisas de errado que ele tenha feito em algum momento. É possível até que comece a imaginar ter feito coisas que não fez. Evite o ataque cardíaco do seu namorado.

DR no WhatsApp

Para que fazer uma DR no WhatsApp? Não é melhor encontrar a pessoa ao vivo e conversar? Ou aguardar um momento em que dê para os dois conversarem pelo telefone? Não tem como discutir com uma mulher pelo whats: enquanto os homens digitam uma frase, as mulheres digitam quinze. Simplesmente não é uma discussão justa! O melhor mesmo é esperar para conversar quando os dois estiverem cara a cara. (Isso se o motivo valer uma discussão mesmo; nem tudo precisa acabar em uma DR!).

Imagina eu e você
Você fala: "Bom-dia!"
E o assunto vai fluindo...

Perdemos a noção do tempo.
É, quando vamos ver,
já é boa-noite!

TUTORIAL:
como conquistar um cara em cinco passos

Passo 1: #sejavocê!

Se ame em primeiro lugar e abuse da sua essência!

Passo 2: #semostre

Mostre o que você tem de bom e o que você sabe!

Passo 3: #sejasensual

Você sabe a roupa que te cai bem e que vai te ajudar a arrasar nos momentos importantes, não é mesmo? Então não se esqueça dessa arma poderosa!

Passo 4: #bomhumor

Além daquela roupa que te valoriza, o seu sorriso é o melhor look do dia!

Passo 5: #sevaloriza

Sabe aquele ditado "as melhores frutas estão lá no alto"? Então: não se esqueça nunca do quanto você vale, mas sem se inflacionar também!

Reciprocidade é quando você manda um áudio de cinco minutos...

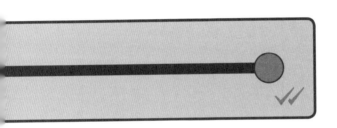

... e a pessoa te responde em um áudio de cinco minutos.

APPS DE RELACIONAMENTO: uma boa ou furada?

Como tudo na vida, até mesmo no amor, não há uma regra universal para os aplicativos de relacionamento. Sempre há exceções. Assim como não são todos os homens que não prestam, também não são todos os casos em que os aplicativos não resultam em nada mais. Só que ninguém vê uma fila de casais que se formaram no Tinder esperando para assinar a certidão de casamento no cartório.

Hoje em dia, muitas pessoas utilizam aplicativos como o Tinder para se aventurar no jogo do flerte. E assim, quem sabe, por uma grande sorte do destino, encontrarem o que realmente foram buscar. Sim, dá para encontrar o amor da vida nesses aplicativos. Mas é como jogar na loteria: há uma chance de encontrar alguém legal entre milhões de "trastes".

Há muitas pessoas mais velhas e solteiras (trinta anos, na visão dos jovens...) que tentam a estratégia do aplicativo para encontrar um relacionamento verdadeiro. Esses em especial costumam encontrar mais dificuldade, pois já não têm tanto pique para ir a baladas, e uma boa parte dos amigos não pode sair, pois está em casa cuidando dos filhos. Sim, galera jovem: casamentos e afins costumam acontecer quando a casa das três dezenas se aproxima.

O fato é que é muito comum a utilização de aplicativos para tudo na vida hoje em dia – e, quando o assunto é relacionamento, a coisa não é nada diferente. Acontece, então, de eventualmente sabermos de casais que se conheceram pelo Tinder e começaram a namorar, alguns até resultando em casamento. Ora, dentre mil histórias, uma pelo menos tem que dar certo, como já disse antes.

Para mim, esses casos felizes são exceções: poucas são as vezes em que a busca pelo aplicativo resulta em uma sintonia verdadeira. "Mas será mesmo?", você me pergunta com curiosidade elevada, enquanto responde o crush do momento no WhatsApp que "conheceu" no Tinder. E, mais uma vez, vou ter que ser um suposto "traidor" dos barbudos e dizer que, na minha opinião, poucos são os homens que estão nesses aplicativos em busca de um relacionamento sério.

Por mais que o objetivo seja o match de casais, o jeito que os aplicativos funcionam acabou incentivando também a busca por relacionamentos casuais. Ora, vamos pensar como homens: suponhamos que eu seja um cara de vinte e poucos anos, solteiro e em busca de conhecer algumas meninas. Por que não iria me inscrever nesses aplicativos, sabendo que o que não falta lá é mulher, e mulher com muita esperança de conhecer o amor da sua vida? Pois é.

Infelizmente, a verdade é que alguns homens (não digo todos) se aproveitam do fato de haver mulheres "disponíveis" nesses aplicativos para continuar fazendo o que já fazem na vida real: pegação sem sentimento, pega um dia e some no dia seguinte – apenas buscando mulheres pela quantidade. E isso sem precisar nem sair de casa para conhecer alguém, já que ele está a apenas um clique de distância. É a tal da estratégia de dar o match em quinhentos perfis e esperar para ver o que acontece.

Portanto, para mulheres que buscam um relacionamento de verdade, aplicativos de relacionamento não são a melhor opção. Muitas vezes, estar ali só faz perder tempo e a energia para estar em situações mais produtivas. O melhor mesmo é apostar na vida real, na química cara a cara, para que as coisas possam acontecer de verdade.

Ah, e é muito importante também estar aberta para oportunidades na vida real mais do que nos aplicativos, mesmo sem conseguir visualizar que oportunidade seria essa. Sabe aquele emprego que você nunca imaginou trabalhar e às vezes, apenas pelo acaso, acaba dando chance e se percebe muito feliz? Então, relacionamento também pode ser uma questão de estar realmente disposta e esperar que a própria vida aponte os caminhos, mesmo que eles não venham dos lugares nem da forma que você imagina.

Namoro tem que ter grude mesmo,
textão, "lembrei de você", sintonia.
Se for pra namorar
alguém que te deixa largada,
é melhor ficar solteira.

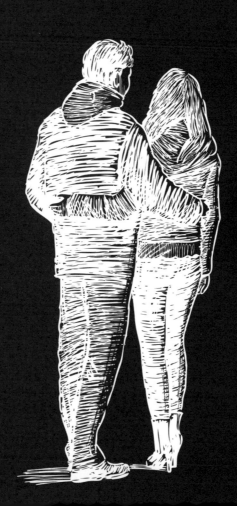

Ando percebendo por aí que a geração jovem acha que se apegar é coisa do passado. O legal para essa geração é viver uma vida louca, só dando onda com vários mozões. Mas, na minha humilde opinião, a realidade é o inverso: não se apegar é que mora no passado. Não se apegar é que não tá com nada.

Não sei se é pelo fato de eu ser da geração do Raça Negra, que acha que "maravilha é poder te amar". Não sei se é pelo fato de eu já ter adquirido certa experiência no assunto da vida e percebido que o importante mesmo no final é o conjunto de momentos inesquecíveis que vivi. Também não sei se é porque já experimentei um amor verdadeiro e conheço o sabor incrível que ele tem. Pode ser tudo isso e muito mais.

Mesmo não sabendo exatamente o motivo, sei que não vou me juntar ao time do desapego, me recuso! Para ter momentos inesquecíveis, quero também ter pessoas inesquecíveis ao meu lado. Caso contrário, com quem vou compartilhar as alegrias e tristezas da vida?

Mas parece que isso ainda não faz tanto sentido para a geração Z, que nasceu a partir dos anos 1990. Para ela, o legal é sair por aí curtindo adoidado, como se na maternidade eles tivessem tomado uma vacina contra o amor, adquirindo imunidade a esse sentimento tão maravilhoso. Para alguns desses jovens, criar vínculos especiais e duradouros é o mesmo que um palavrão.

E, para quem acha que nunca vai cair na armadilha do amor, já dou um aviso de quem passou por isso: cuidado; mesmo com toda essa resistência, o vírus ainda vai pegar! Vai pegar quando você perceber que de nada adianta ter milhares de momentos que foram vazios, que nada significaram, mesmo que você conte para seus amigos como se tivesse sido a coisa mais sensacional do mundo.

Para as mulheres que querem um relacionamento sério, a turma do desapego não é a melhor pedida. Um fato é que as mulheres costumam amadurecer mais rápido, olham a vida de maneira diferente. E, por causa da tendência atual de algumas faixas etárias ao desapego, talvez tenham que procurar um cara mais velho, que já não queira mais formar sua agenda de contatinhos.

No entanto, o amor chega para todos. Aos poucos a idade vai chegando, a barba crescendo e os gostos e as prioridades mudam. A pessoa que antes só queria saber de amores de carnaval percebe-se um dia tendo atitudes e preferências que nunca havia pensado em ter. E tudo bem, porque faz parte da vida, sem ficar grilado de estar ficando velho.

A turma do desapego vai, de repente, ver que tenho razão, e indiferença vai ser algo do passado também. Quer dizer, vai ter desapego, sim, mas das amizades superficiais, do tempo desperdiçado com coisas bobas e da descrença no amor. Aí, "agenda de contatinhos" vai ser jogada fora, porque você só vai ter um telefone que importa no celular, com o nome de AMOR.

O negócio mesmo é pegar
e ficar apegado.
Contatinho é coisa de agenda.
A gente quer casar, ter filhos e
viver juntinho até envelhecer...

Mulheres que tomam a INICIATIVA

Lembra daquela época em que a princesa ficava esperando o seu príncipe encantado vir resgatá-la da bruxa? Sabe? Não? Nem eu, porque, na realidade, essa época nunca existiu. A mulher nunca foi esse ser indefeso que precisa de um homem para ditar suas atitudes, ou "mandar no relacionamento". Isso é coisa de conto de fadas. Ou, no mínimo, uma ideia ultrapassada.

Tudo bem, pode ser que antigamente a sociedade tenha imposto às mulheres maior submissão aos homens. Mas isso já passou, não existe mais. E, a meu ver, quem tem preconceito com mulheres "fáceis" (isso na sua cabeça) é claramente um homem fraco que tem medo de mulheres com personalidade forte. O fácil, no caso, é esse cara se sentir intimidado.

E se algum barbado reclamar que eu só defendo as mulheres e vier com mimimi, ele apenas vai confirmar ainda mais minha tese. Não, eu não defendo as mulheres a qualquer custo. Apenas compreendo e me identifico com a intensidade com que a mulheres vivem o relacionamento, e também gosto de lutar pelo que quero. Daí, não vejo motivo para não lutar com sua própria estratégia quando você tem um objetivo – e isso vale para homens e mulheres.

Além do mais, sinceramente: a realidade é que as mulheres sempre dominaram o flerte. Com seu poder de sedução, elas conseguem reger a orquestra toda e tocar a música que desejarem. E sempre sabem muito bem o que querem, algo que pode ser muito útil para nós também. Um pouco confuso? Calma, já vou explicar melhor aonde quero chegar.

A questão nada mais é do que praticidade. Ora, se a mulher está a fim de um cara, qual o motivo de ela não poder ligar para ele? Alguém viu entre as leis entregues por Deus a Moisés o mandamento "não ficarás com uma mulher que vai atrás de você, porque ela não merece a Terra Prometida"? Acho que não, porque não faz o menor sentido.

A mulher que toma a iniciativa é determinada e corajosa, porque já está ciente da possibilidade de rejeição. Mas sabe também que, caso isso ocorra, bola pra frente e vira a página. Ela sabe que não precisa mais investir nessa história, porque não vai resultar em nada. Além disso (e é aqui que a atitude feminina pode nos favorecer), mulheres com iniciativa podem ajudar os homens tímidos, que têm mais dificuldade de abordar alguém quando estão a fim.

Acaba sendo uma situação em que todo mundo ganha. E eu acredito que mulheres que tomam a iniciativa não diminuem a masculinidade de ninguém nem estão fazendo com que os homens não tenham mais que chegar nas mulheres. A realidade é que apenas está havendo um equilíbrio nas relações, em que duas pessoas adultas se relacionam com igual possibilidade de poder, independentemente do sexo biológico.

Sabendo que toda forma de amor é válida, essa regra de que mulheres não tomam a iniciativa fica mais ridícula ainda. Quer dizer que, quando duas mulheres querem se relacionar, nenhuma das duas pode tomar a iniciativa? Então nunca vai existir o relacionamento, porque ninguém vai dar o primeiro passo? Mais uma vez, não faz o menor sentido.

Sendo assim, um dos mandamentos para um relacionamento verdadeiro e saudável é se livrar de padrões e regras que não levam a lugar algum. O importante é que o casal esteja na mesma sintonia e queira estar junto, não importando quem tomou coragem para se arriscar e lutar pelo amor.

A regra no amor é dar match e ser feliz. Quanto ao resto, deixa que os outros vão se ocupar e se preocupar.

Por que os homens MENTEM?

Assim como com a máxima "nenhum homem presta", também parece existir uma crença muito forte de que "todos os homens mentem". Parece que todos os homens do mundo não conseguem ser aprovados no teste da mentira, e tudo o que fazemos é apenas mentir. Infelizmente, no geral, somos seres que vocês, mulheres, consideram difíceis de confiar.

Mas não acho que isso seja verdadeiro. Não é somente o homem que mente; homens e mulheres mentem. A mentira está relacionada ao caráter da pessoa, e não ao sexo. Se não fosse assim, todos os homens já teriam na certidão de nascimento o sobrenome "mentiroso", e as mulheres não deveriam se relacionar com nenhum homem. Por que alguém vai ter um relacionamento com alguém que só mente?

Ora, vamos ser sinceros: que atire a primeira pedra quem nunca mentiu na vida! Com certeza pode ter acontecido com muitos e, homem ou mulher, espero que a pessoa tenha se conscientizado de que mentir não é legal. Isso é válido em particular quando estamos falando de um relacionamento, que só pode ser sustentado com base na confiança.

As mulheres podem até sair por aí dizendo que só os homens mentem, mas no fundo sabem que isso não está restrito à ala masculina. Acho que elas dizem isso com certa ironia, porque minha teoria é que os homens são mais pegos na mentira do que as mulheres. Por isso, a crença dos homens mentirosos se alastrou.

A realidade é que, pelo fato de as mulheres terem um sentido muito apurado, elas percebem melhor a mentira quando aparece, e sabem desvendá-la. Essa sim é uma verdade universal: as mulheres não têm sexto sentido; chegam a ter décimo sentido. Absolutamente nada escapa do faro feminino, para desespero geral da nação masculina!

Também há um outro fator nessa questão, que envolve algo que já discutimos aqui: há uma cultura machista na sociedade, que impõe que o homem seja quem conquista a mulher, e esta fica apenas esperando seu príncipe chegar. Aí já começa tudo errado: por insegurança, por não se achar bom o suficiente, o homem acaba contando mentiras e tentando tirar vantagens. Tudo isso para cumprir o seu papel de macho alfa.

É nesse momento que as mulheres, que já estão envolvidas e ansiosas para fazer tudo dar certo com o cara por quem elas estão totalmente apaixonadas, acabam caindo na mentira. No calor das emoções, acreditam em tudo que ele diz e, quando caem na realidade, percebem que vivem uma fantasia.

No entanto, chega um ponto em que viver essa fantasia não é bom para nenhum dos lados. Porque quem mente vai sentir a necessidade de continuar mentindo para conquistar a outra pessoa, e quem acredita nas mentiras vai estar apaixonada por alguém que não é quem ela acredita ser. E o relacionamento vai perder o sentido, vai perder o que tem de melhor – que é ser verdadeiro e profundo.

Acho que a melhor coisa a fazer quando não aprovamos um comportamento é evitá-lo ao máximo, e também não aceitar que tenham esse comportamento conosco. No entanto, é importante ter em mente que todo mundo erra (inclusive nós mesmos); então não podemos levar nada a ferro e fogo. O legal nessas situações é refletir sobre o limite do que estamos dispostos a aceitar, para não sermos enganados. Porque enganar o outro não é amá-lo.

Antes de tudo,
se *apaixone* pelo
defeito da pessoa.
É isso que vai
te ajudar nos
dias difíceis.

Quem é legal mora longe?

@Crush

Roraima

Amazonas

Acre

Rondônia

Mato Grosso

Mato Grosso Do Sul

Goiá

Rio Paulo

Paraná

Santa Catarina

Rio Grande do Sul

Não, isso não é uma regra. Você que não está olhando para os lados. ☺

NÃO É A DISTÂNCIA QUE SEPARA AS PESSOAS.
O QUE SEPARA: A FALTA DE DIÁLOGO,
A FALTA DE ATENÇÃO,
A FALTA DE RECIPROCIDADE.
O FAMOSO "TANTO FAZ".

De volta à era do CAVALHEIRISMO

Todos estão cansados de saber (especialmente as mulheres) que príncipes encantados não existem; são frutos da imaginação do senhor Walt Disney. No entanto, mesmo sabendo que não há príncipes encantados, é como costumo dizer: não é por isso que o homem precisa ser um cavalo. E as mulheres também precisam aceitar esse tipo de comportamento.

Ficar julgando as mulheres quando tomam a iniciativa ou quando usam uma roupa mais sensual não está com nada. No entanto, tratar bem uma mulher é imprescindível, e sempre será um tema contemporâneo – um clássico como o pretinho básico, como as mulheres costumam dizer.

Não só tratar bem uma mulher, mas o parceiro, seja qual for seu sexo, é algo essencial em um relacionamento. E não são só pessoas especiais, que têm sorte – que nada! Todo mundo merece esse tipo de tratamento! Ainda mais se você tem consciência do seu valor, é uma mulher que se ama, que se sente bem na própria pele, não deve aceitar nada menos do que o melhor cuidado.

E nunca aceite menos do que você deseja: homens que amam dão flores sim, são românticos e ligam para dizer que estão com saudade. Esse tipo de homem não é um príncipe encantado inalcançável, mas um homem real que valoriza a mulher ao seu lado e cultiva o próprio relacionamento.

Talvez, mesmo com todas essas palavras, você ainda pense que esse tipo de homem não existe, ou que nunca vai encontrar alguém assim. E por que não? Por que você deveria aceitar menos? Por que deveria aceitar um cafajeste que nem repara se você se arrumou ou não? Que nem se importa se você está de salto e vai ter que andar uma grande distância, ou mesmo se está com frio?

Não, vocês, mulheres, não têm que se contentar com menos, porque vocês são muito! ♥ Claro que a regra de reciprocidade é básica aqui também: se você quer ser tratada bem e ser levada em consideração, você deve fazer isso com quem cruza seu caminho, especialmente se for o homem ao seu lado. Portanto, não aja como não quer que ajam com você (a regra universal de não fazer com o outro o que você não quer que façam com você). Mas também não deixe ninguém te largar pra escanteio.

Não caia nesse conto de acreditar que os homens não são cavalheiros: é apenas uma desculpa para os trastes continuarem sendo trastes. Quanto mais as mulheres exigirem uma atitude respeitosa e romântica de seus parceiros, mais eles terão de agir assim, com mais respeito.

A regra é básica, clara e lógica, e estamos conversando sobre ela desde o começo deste livro: se você se ama o suficiente, respeitando-se o bastante, por que vai investir tempo em alguém que não compartilha da mesma realidade? Acredite em mim, esse não é o cara da sua vida, mesmo que seu coração pareça dizer o contrário (não se deixe enganar nesses casos!). O amor da sua vida será aquele que vai tratá-la realmente como o amor da vida, e nada menos. O resultado: você vai se sentir uma princesa de verdade!

Imagina eu

Sono regulado,

Carteira cheia,

Amor recíproco,

Sabendo o meu valor,

Estabilidade emocional,

Me valorizo,

Me amo!

Será que ele não está a fim de você?

Não. Simples assim.

(Tá, explico um pouco mais: já falamos sobre sincronicidade, já falamos sobre energia, já falamos sobre como você deve ser tratada. Então, se você está na dúvida se ele está a fim de você, se ele não te dá segurança e não faz questão que você se sinta amada, então a resposta é NÃO!)

Homem que trata a mulher bem não a perde para ninguém.

TESTE: será que ele é um cafajeste?

Pode ser que você esteja na dúvida: será que ele é um cafajeste? Pode ser também que você esteja apenas se enganando. Para ajudar, bolei um teste para você verificar se ele é um cafajeste ou não:

1) Vocês se comunicam com frequência?

(a) Raramente conversamos, e geralmente as nossas conversas são nas sextas-feiras em que marcamos um encontro.

(b) Algumas vezes durante a semana, mas não muito constantemente.

(c) Falamos todos os dias.

2) Como é sua comunicação pelo Whats?

(a) Não consigo ver se ele visualizou a mensagem, e ele sempre demora para responder.

(b) Ele visualiza, mas leva um tempo para me enviar a resposta.

(c) Eu consigo saber que ele visualiza e que não faz "joguinho" – me manda resposta sempre que possível.

3) Como é o perfil dele no Facebook, Insta etc.?

(a) Comunica-se com várias meninas e escreve textos românticos sem marcar ninguém especificamente.

(b) Não é muito ativo no Facebook, e também não interage muito comigo.

(c) Ele me marca em publicações que tenham a ver com nossos papos.

4) O celular dele fica à vista quando vocês saem?

- (a) Não, e quando vejo o celular, ele está em modo avião.
- (b) Às vezes sim, às vezes não.
- (c) Ele sempre está com o celular disponível quando estamos juntos, e não hesita em me mostrar fotos, mensagens etc.

5) Vocês se veem com que frequência?

- (a) Uma vez por mês, apenas no sábado em que ele não sai pra balada com os amigos, não tem eventos de família, não tem que trabalhar e... (insira outra desculpa).
- (b) Algumas vezes por mês.
- (c) Assim como nos falamos sempre, também nos encontramos diversas vezes por semana.

6) Ele quer te incluir em sua vida pessoal?

- (a) Não, nem conheço seus amigos, muito menos a família.
- (b) Conheço alguns amigos dele.
- (c) Sim, ele até já me chamou para conhecer a família. =)

Resultado:

- Se você respondeu mais a letra (a): Sinto muito, mas esse é um cafajeste de marca maior, e quando deixa o celular em modo avião está esperando para ver quem mais vai embarcar no voo dele.
- Se você respondeu mais a letra (b): Ele ainda é uma incógnita. Pode ser que seja tímido, pode ser apenas que esteja deixando as coisas rolarem no tempo certo. Nesse caso, utilize estratégias para desvendar logo qual é a dele.
- Se você respondeu mais a letra (c): Ele está longe de ser um cafajeste, e o melhor é que está na sua! Invista nesse cara, porque nesse caso há troca de energia. ♥

Quando **você** faz **tudo** por um cara e ele não dá **valor**, o **trouxa** é ele, não **você**.

Ele é quem sai perdendo.

TUTORIAL:

praticando o desapego em cinco passos

Sabe aquele lema que diz que se você não é feliz sozinho, nunca será feliz com alguém? Pois é, não há como discordar dele, não é mesmo?

Por isso, precisamos ser mais leves, levar as coisas com tranquilidade, sem a pressão de o relacionamento ter que ser perfeito, ou de ter que ser para sempre. Se não for assim, o resultado não é bom, algo que vale a pena. E, assim como um relacionamento deve ser aproveitado ao máximo, um término de relacionamento também deve.

E você, terminou e não sabe o que fazer? Ou não saberia o que fazer caso terminasse? Essa é de fato uma fase complicada; às vezes parece que o mundo vai desmoronar diante de seus olhos. Mas acredite em mim: o mundo e a sua vida não vão acabar.

É por isso que, analisando meus términos de relacionamento e trocando ideias com alguns amigos, desenvolvi um "tutorial" para ajudar quem estiver nessa fase:

Passo 1: *Siga com a sua vida*

Acabou. E agora, o que faço?

Você não fará nada além de continuar sua vida normalmente: foque no trabalho, nos estudos, na família, nos amigos ou em qualquer outra coisa que você decidir, mas não deixe de viver. Afinal, o relacionamento não era a sua vida, e esse processo te ajuda a compreender isso.

Passo 2: *Chore o que tiver que chorar*

Você vai seguir sua vida normalmente, mas não deixe de botar para fora o seu "luto" pelo fim do relacionamento. Chore tudo que você tiver que chorar logo depois do término, para não ter que chorar de novo depois. O importante é não deixar nenhum "ponto solto" para trás.

Passo 3: *Elimine a carência*

Se o relacionamento acabou, era para acabar, não é mesmo? Não confunda a carência de ter alguém sempre ao lado com saudades verdadeiras.

Passo 4: *Controle a ansiedade*

Não fique ansiosa para encontrar alguém ou voltar para um relacionamento logo depois que terminar. Aproveite para curtir seus amigos (que não devem ser afastados nunca da sua vida, por causa de relacionamento nenhum) e sua vida. Deixe que tudo flua com naturalidade.

Passo 5: *Abra-se para as "segundas opções"*

Já chorou tudo o que tinha para chorar, virou a página do relacionamento antigo e agora se sente preparada para um novo relacionamento? Lembre-se de todos os contatos que existiam mesmo quando você namorava. Dentre eles pode estar um cara legal, que realmente se importa com você!

No fim, todo término de relacionamento é também um aprendizado e te prepara para um novo amor. Então, se acabar, lembre-se de que o melhor está por vir. ☺

Não se arrependa de nada...

...tudo que fizer
vai te trazer algo novo:
se não for felicidade
pra caramba,
vai ser aprendizado
de sobra!

Ser fiel

Você encontrou o amor da sua vida. Ele é legal, rolou aquela sincronicidade, você fez o teste e comprovou que ele está a fim de você. Tão a fim de você que, inclusive, te pediu em namoro. Pronto, agora sim, o caminho para o altar está preparado e você já pode escolher o vestido de noiva (isso é o que vocês mulheres fazem, não é mesmo? rs).

Mas de repente acontece algo que muda a direção das coisas: ele começa a esconder o celular, começa a aparecer menos. O que era um caminho para o altar vira um caminho para a preocupação, que fica cada vez mais largo. Surge aquela pulga atrás da orelha: "Será que ele está me traindo? Será que devo continuar o relacionamento seja mesmo verdade?".

Bom, para começar, se o cara está fazendo isso, realmente ele é um trouxa e não merece a sua consideração. Porque ele não está te considerando mais. Você pode até ficar em dúvida se deve continuar ou não, mas o melhor caminho mesmo, numa situação assim, acaba sendo virar a página e seguir o seu rumo.

Porque ser fiel é o básico de qualquer relacionamento. A confiança é a base de tudo; é ela, inclusive, que vai ajudar vocês a segurarem a barra nos momentos difíceis. Afinal, todos os relacionamentos, inclusive os duradouros, passam por altos e baixos. A diferença é que os relacionamentos verdadeiros conseguem sair mais fortes nos períodos em baixa. E a confiança que um tem no outro vai ser a potência para que isso aconteça.

Esse recado vale se for a situação contrária também: se você não é fiel ao seu namorado, se quer estar com outros caras, qual o sentido de estar com ele então? A regra é se colocar sempre no lugar da outra pessoa, e fazer o que for melhor para os dois.

O pior é que isso é comum. Acho que muitos casais ficam juntos apenas para estar em um relacionamento, e isso não leva a lugar algum. Não adianta estar com alguém só para não ficar sozinho, ou para mostrar alguma coisa para a sociedade, para que não achem que você está "encalhada". Você pode não estar encalhada, mas está feliz de verdade traindo uma pessoa?

Nem sempre o que é bom para a sociedade é bom para você. O que é bom para você é o que te faz feliz, o que te dá segurança, o que te faz sorrir ao acordar porque vale a pena. E, sério, se você não está vivendo essa realidade, o melhor é rever seus conceitos e partir para a mudança. Porque na vida e no amor o que vale é o que faz nosso coração bater com vontade, força e alegria. ♥

Então não aceite a infidelidade como algo "dos homens", ou "normal para todos os relacionamentos". Mais uma vez, isso só é uma desculpa para as pessoas não se comprometerem, não serem verdadeiras umas com as outras. O que não é bom para ninguém: nem para quem é traído nem para quem trai. Afinal, os dois lados estão lançados a uma vida de mentira. Tenho certeza de que, no fundo, ninguém quer lidar com uma vida assim.

A existência foi feita para ser de verdade e aproveitada ao máximo. Então não se contente com pouco, porque merecemos o que há de melhor!

Meu bem,
eu não nasci para
TAPAR BURACO
nem para
SERVIR DE CURATIVO.

Primeiro você
SE CURA,
depois você
ME PROCURA.

Vocês, mulheres, adoram uma DR. Estou falando a verdade ou não? É só ouvir um "bom-dia" um pouco diferente do comum que pronto! A casa cai: quinhentas mensagens por segundo no WhatsApp dizendo como o namorado não te trata bem. O homem nem acordou direito e fica tentando imaginar o que ele pode ter feito de tão errado no sonho.

Brincadeiras à parte, discutir a relação é algo legal e importante. Afinal, um relacionamento sem diálogo não consegue evoluir e, quando vemos, tudo o que não foi discutido no passado acaba levando o relacionamento a um final amargo.

O diálogo faz parte de qualquer interação, seja com seus pais, seus amigos e, especialmente, seu namorado. Afinal, ele pode ser o homem com quem você vai passar a vida inteira; como é possível conviver se ambos não conseguem conversar e resolver questões? As mágoas vão se acumulando e acabam ficando maiores do que o próprio amor.

Mas veja bem: eu disse que a DR é válida, não que qualquer suspiro do seu namorado valha a pena ser questionado. Porque agir assim faz com que o relacionamento fique chato, e você vira a namorada pentelha que só fica no pé. E não queremos estar com alguém que só nos critica e não nos valoriza, não é mesmo?

Qualquer relacionamento é complicado. Vamos ser sinceros: já é difícil conviver com a gente mesmo, imagina então com outra pessoa? Impossível! Ou quase: por isso estamos aqui conversando e aprendendo juntos. ☺

O ponto é saber equilibrar o que é uma encanação sua e o que é um problema de verdade, que precisa ser discutido. Algo que acontece várias vezes e que te incomoda deve ser conversado. Mas uma situação isolada pode ser algo do momento: ou você ou seu namorado não estavam em um dia bom, algo que acontece com qualquer pessoa.

Portanto, sabendo dosar, o diálogo só vai fortalecer a relação e cada parte como pessoa. O importante, também, é ter a humildade de olhar para dentro e reconhecer os próprios erros. Assim o amor agradece, e só cresce!

Meu bem, veja só.
O amor não faz mal.
O que faz mal mesmo
é amar a pessoa errada.

RELACIONAMENTOS
tóxicos

Alguns casais estão juntos apenas para estarem com alguém, e é aí que o relacionamento começa a morrer. Em outros, a interação não "potencializa" nenhum dos lados, apenas sufoca. E o relacionamento também morre.

Relacionamentos tóxicos já no nome indicam que não são saudáveis. Os saudáveis e verdadeiros devem ser bons para ambas as partes: os dois devem aprender a ser melhores juntos, como pessoas e como casal. Um relacionamento tóxico, ao contrário, reprime quem faz parte do jogo, e os dois saem perdedores.

Sabe aquele tipo de relacionamento com muito ciúme? Ou em que algum dos lados não respeita as necessidades e a individualidade do outro? Ou em que não há companheirismo, mas apenas cobranças, e às vezes até disputa? Todos esses são relacionamentos que não costumam ir para a frente.

É fato: um relacionamento, especialmente de anos, envolve muitas questões além do casal: a rotina a dois, as famílias de cada lado, os amigos e, em alguns casos, às vezes até bens materiais e filhos, que também acabam se machucando com o relacionamento tóxico dos pais. Mas isso não deve servir de desculpa para manter um relacionamento assim.

Afinal, se não está sendo bom, se não está evoluindo, por que continuar com essa vida? Nesses casos, um está apenas tirando a escolha do outro no que diz respeito a encontrar a própria liberdade. E para que você vai querer estar com uma pessoa que tira o seu maior bem: a possibilidade de ser você mesma, a sua melhor versão?

Claro, sempre há a possibilidade de conversar para tentar ajustar as arestas. Mas a realidade é que, em alguns casos, tudo já foi ladeira abaixo, e não há mais motivo para permanecer em um estado de sofrimento. Nossa meta sempre deve ser um relacionamento que traga alegrias, não somente dores, então nada de se nivelar por baixo, viu? Ou fingir ser cega em relação a uma situação de perigo que está pulando na sua frente, praticamente uma placa de alerta...

Como saber se você vive um relacionamento tóxico? As perguntas abaixo podem te ajudar. Se responder "não" à maioria delas, é provável que o seu relacionamento não seja dos mais saudáveis:

1) Você pode sair com as amigas sem aborrecimentos?

2) Você sente que mantém a própria essência dentro da relação?

3) Você se sente respeitada como pessoa por seu namorado?

4) Ele te trata bem?

5) Na maior parte do tempo, ele te "põe para cima" e te valoriza?

Saiba identificar um relacionamento tóxico e saiba sair dele. Caso as dúvidas sobre como seguir com a vida depois estejam te dando medo de terminar, não esqueça de seguir as dicas sobre desapego que já dei aqui. ☺

Como rasgar seu papel de TROUXA

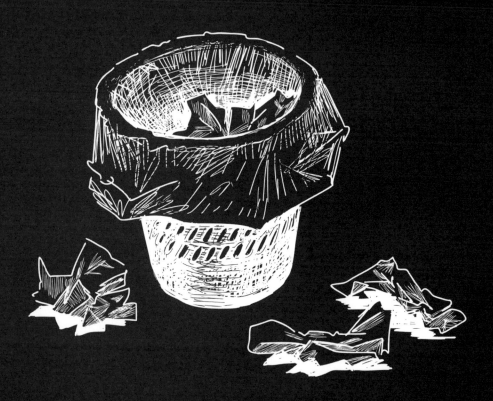

Quem nunca fez papel de trouxa na vida? É mais do que comprovado: fazer papel de trouxa no amor é mais clássico do que *A Lagoa Azul* na Sessão da Tarde. Aqui mais uma vez posso falar com propriedade, porque já estive muito nesse papel. Até por isso, infelizmente, já digo de cara que não há uma regra mágica pra deixar de ser trouxa em vários setores da nossa vida.

Existe aquele papel de trouxa básico: sua amiga vive reclamando do cara, que ele nunca dá atenção, que ele isso, ele aquilo, e sempre terminando com o clássico "Vou me valorizar, agora não quero mais saber dele". Aí você pensa "Ufa! Finalmente abriu os olhos e começou a enxergar o que só ela não enxergava!". Você está orgulhosa da sua amiga, até ela vir com a outra mensagem clássica: "Ah, agora ele vai mudar. Resolvi dar uma outra chance...". A milésima chance.

Nessa situação específica, também há um papel de trouxa na amizade, porque a amiga que ficou horas tentando abrir os olhos da outra, explicar da maneira mais compreensível possível o motivo de o cara ser um cafajeste (ou, no mínimo, não estar a fim dela), sente-se exatamente como a outra deveria se sentir. Horas de conselho e paciência jogadas no lixo por um mísero "Oi, sumida" do dito cujo. É muito desperdício de tempo!

Erros acontecem para não se repetirem – essa é a regra de evolução da vida. Então por que será que algumas pessoas cometem e aceitam os mesmos erros infinitamente? Há vários motivos para isso: carência, insegurança, não se valorizar, autoengano, e por aí vai. Por isso, é muito importante compreender o que acontece de verdade com você (ah, esqueci: é aquela amiga da sua prima que faz papel de trouxa... tudo bem), para evitar cair na mesma armadilha.

Os erros são importantes na vida de qualquer um, mas para o crescimento pessoal, não para fingir esquecimento e errar novamente. Hora de repetir meu mantra: por que você vai perder tempo com quem não perde tempo com você e não te valoriza em nada? Ok, sei por que está fazendo isso: apenas para perder tempo, porque você deve ter muito tempo sobrando, não é mesmo?

Acontece que não há tempo de sobra. Não há mais tempo a perder, a vida passa rápido demais para desperdiçá-la sendo eternamente trouxa. É por isso que chegou a hora: rasgue o seu papel de trouxa (seja na amizade ou no amor), para nunca mais resgatá-lo! Ah, e não esquece de queimar o papel, para não conseguir juntar tudo com durex depois, combinado?

Que tal tratar com prioridade apenas quem te trata com prioridade?

Como esquecer
O EX

Deixar o ex para trás: eis um assunto que gera polêmica. Só o tópico "término de relacionamento" renderia um livro inteiro; conteúdo (e choradeira) é o que não falta. Vamos falar um pouco mais sobre esse terror de algumas mulheres?

Sei que qualquer final não é fácil. Mesmo que o ex seja aquele traste que você não quer mais ver nem pintado de ouro, ainda assim pode ser um desafio seguir em frente. Voltar para o clube das solteiras às vezes é muito difícil. Algumas parecem decidir, inclusive, viver um eterno dramalhão em que tristeza é a única coisa que resta. Nada mais errado!

Para ajudar quem está passando por essa barra a sair do grupo dos corações partidos eternos, separei algumas dicas infalíveis para lidar com a situação e seguir em frente, pronta para o novo mozão que surgir no pedaço. Então, aproveite para desapegar de vez do que já deveria ter sido desapegado:

1) Lembre-se dos defeitos dele

É normal terminar um relacionamento e sentir saudades. Mas muitas vezes o que acontece é ficar exagerando as coisas boas que aconteceram, como se a vida nunca mais pudesse ter felicidade sem aquela pessoa. Bom, hora de cair na real: se fosse tão bom assim, vocês teriam terminado? Pois é, não! Por isso, lembre-se de tudo o que ele fazia e te incomodava. Tudo que faz valer a pena não perder mais tempo. Vale relembrar "vácuos" no WhatsApp, sumiços repentinos, momentos em que ficou insegura. Tenha sempre em mente todos esses defeitos, para lembrar que está melhor sem o cara.

2) Vá se divertir!

Que tal fazer o que você gosta para deixar a tristeza de lado? Relembre que existe uma vida sem a pessoa e foque no que mais importa: se gostar de balada, vá para a balada com as amigas, se for da turma fitness, combine uma corrida em grupo no parque. O importante é não sucumbir à tristeza e à ilusão de que sem o ex a vida não vale mais nada (por favor, hein, nada disso!).

3) Bloqueie no WhatsApp e na vida

O relacionamento terminou, não terminou? Então pra que você vai manter contato com o ex? Faça isso para o seu próprio bem: apague telefone, não stalkeie Facebook, bloqueie no WhatsApp. Não dê oportunidade para as ligações de madrugada em momentos de carência (ou de altos índices de bebida...). Nesse ponto, acho que tem que ser radical mesmo, para não haver nenhuma recaída.

4) Cuide de seu ego e se reinvente

Terminar um relacionamento é um excelente teste para a valorização pessoal. Afinal, nada mais desafiador do que estar por cima em um momento tão tenso. Mas é aí que você tem que dar a volta por cima e estar ciente de todo o seu valor. Não se ponha para baixo, alimente a autoestima: esteja com quem te faz bem, ocupe o tempo com atividades que te fazem feliz, faça até mesmo uma renovação no visual. Quem sabe essa não é uma ótima ocasião para cortar o cabelo daquele jeito que você tanto quer e não tem coragem? Ah, e por favor, nada de textão no Facebook: só vai servir para mostrar um ego ferido. Use o perfil do Face para publicar mensagens e fotos positivas; assim mostrará que está melhor, ressurgindo com toda a força de uma fênix.

5) Pare de falar no ex

Isso é até óbvio, mas vale reforçar: esqueça o ex. Pare de falar nele e alimentar a situação de maneira infinita. Fale sobre outros assuntos e peça para quem se importa com você fazer o mesmo. Isso vai facilitar as coisas.

Fica mais fácil superar as dificuldades aplicando essas dicas na vida. O importante é superar o passado e ficar pronta para novos amores que chegarão quando você menos imaginar...

Faça AMOR, não faça DRAMA.

Encontrar um novo relacionamento é como qualquer projeto na vida: exige comprometimento e uma série de etapas. Para achar o seu mozão, crie seu próprio projeto e concretize as etapas conforme o esquema *Faça jus à sua barba*:

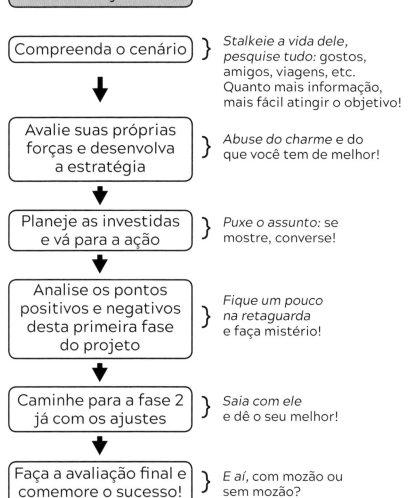

E não se esqueça: assim como em qualquer projeto, duas variáveis essenciais são prazo e investimento. No caso do nosso #projetomozão, o que deve ser avaliado é quanto tempo está sendo investido e qual o custo com que você está arcando no projeto, ou de quanta energia ele necessita.

No fim, com tudo ajustado, é só dar "check" em todas as etapas e curtir o mozão! ♥

Mulher merece
flores todos os dias.
Mulher tem que
ser respeitada
todos os dias.
Faça jus à sua mulher,
à sua mãe, à sua filha.
Hoje, amanhã e sempre.

O homem de cada SIGNO

Para cada homem, um jeito – isso é mais do que certo. Sabemos que cada pessoa tem sua particularidade, seu algo mais que a faz diferente das outras bilhões de pessoas do mundo. Ah, se pudéssemos saber o que os nossos crushs pensam e sentem de verdade... A conquista seria muito mais fácil.

Aqui não há uma fórmula perfeita, mas certamente a compreensão dos signos (ou da personalidade) de cada homem pode te ajudar a desenvolver as melhores táticas para concluir com êxito o #projetomozão de que acabamos de falar.

Aqui vão dicas sobre os homens conforme seu signo astrológico. Agora é só stalkear o pretendente, descobrir o signo e fazer um plano de ação cheio de charme:

♈ Áries (21/03-19/04): Os arianos em geral são muito agradáveis e charmosos. No entanto, também possuem um lado impulsivo e inconsequente, o que desperta atitudes sem uma reflexão mais profunda.

♉ Touro (20/04-20/05): O taurino é a personificação da teimosia, um fator complicador para uma convivência agradável. Mas, por outro lado, costuma ser um cara carinhoso e persistente. Um taurino a fim de você não vai desistir de tê-la ao seu lado.

♊ Gêmeos (21/05-20/06): O geminiano é criativo, bem-humorado e espontâneo. Estar ao lado dele pode ser uma eterna aventura, mas é importante sempre evitar a rotina para mantê-lo interessado.

♋ Câncer (21/06-22/07): O canceriano é um excelente parceiro, pois busca sempre fazer quem está ao seu lado feliz. Por ter esse lado amoroso, não gosta de assumir quando está chateado; quer sempre parecer "pra cima".

♌ Leão (23/07-22/08): O leonino é muito seguro de si e adora receber aplausos e elogios. A intensidade parece reger a sua vida, o que pode trazer conflitos em alguns momentos.

♍ Virgem (23/08-22/09): O virginiano tem uma fixação por perfeição. Apesar de ser carinhoso e uma companhia agradável graças à sua inteligência, possui um lado racional que não o permite ser intenso demais.

♎ Libra (23/09- 22/10): Muito cobiçado pelas mulheres em virtude de sua elegância e cavalheirismo. Possui um lado sensível que faz com que sempre pense na parceira. Ao mesmo tempo, também é muito fácil magoá-lo, em decorrência dessa sensibilidade à flor da pele.

♏ Escorpião (23/10-21/11): O escorpiano é misterioso, seus segredos demoram para ser revelados. Apesar do mistério, é muito intenso nos relacionamentos, entregando-se de corpo e alma a quem ama. A intensidade, entretanto, também pode acabar sendo traduzida em sentimentos de posse e ciúme.

♐ Sagitário (22/11-21/12): Assim como o geminiano, é bem-humorado, aventureiro e odeia rotina. Mediante essas características, para se relacionar com um sagitariano é necessário sempre construir uma relação espontânea e cheia de novidades.

♑ Capricórnio (22/12-19/01): O cara desse signo é tímido e extremamente reservado, por isso odeia chamar a atenção. A timidez não evita, entretanto, que ele lute pelos objetivos de maneira incansável. Caso seja o objetivo de um capricorniano, ele vai colocar muita energia na conquista.

♒ **Aquário (20/01-18/02):** Extremamente simpático, possui facilidade para conquistar as pessoas ao redor, o que o faz ser muito cobiçado. Para se sobressair nesse cenário competitivo, o ideal é demonstrar espontaneidade e originalidade.

♓ **Peixes (19/02-20/03):** Sensível e preocupado, o pisciano vive em um mundo de sonhos. Apesar de discreto, sabe utilizar do seu charme para a conquista.

MULHERES NÃO QUEREM PRÍNCIPES.

QUEREM UM HOMEM DISPOSTO A FAZER DO SEU LAR UM REINO.

Chegamos até aqui após refletir muito sobre diversas questões que envolvem relacionamentos. Tivemos que ultrapassar algumas pedras (autoestima, reciprocidade, fidelidade, e por aí vai), mas certamente saímos mais fortes e prontos para encontrar o mozão da vida. De tudo que foi dito, se tivesse que escolher um dos conselhos, certamente seria: se valorize.

As mulheres estão cada vez mais independentes e poderosas, e, se é para estar em um relacionamento, a escolha é única e exclusivamente delas. Por ser uma escolha pessoal, tudo deve refletir isso: escolha ser amada de verdade, escolha estar com alguém que vale a pena, escolha ser quem você é.

Não está mais com nada a mulher receber menos do que o homem, ou fazer escolhas que refletem um suposto papel esperado, e não uma escolha verdadeira. Não está mais com nada aceitar um cara qualquer para não ficar sozinha, ou aceitar que "todo homem trai". Porque quem te merece não vai te trair; vai respeitá-la acima de tudo.

A sociedade está sempre em evolução, e as pessoas precisam acompanhar isso. Por isso é importante sempre exigir direitos e apoderar-se do próprio destino. Ser mulher é incrível: é abusar do charme, ter autoconfiança em quem é e saber que não precisa de ninguém para fazer a vida valer a pena. Ser mulher é decidir quem quer ser: mãe, namorada, esposa, solteira, aventureira, determinada ou trabalhadora. A escolha é sua e de mais ninguém! ☺

Antes de querer aproveitar o tempo com alguém, o importante é aproveitar um tempo inesquecível ao lado de si mesma (como dissemos antes, para estar em um relacionamento com alguém é importante estar muito bem consigo mesma!). Afinal, a vida é muito curta para passá-la esquecendo da própria felicidade e do próprio valor.

Por isso, antes de tudo: seja feliz! Solteira ou em um relacionamento, o importante é ser feliz e fazer o próprio destino valer a pena. E é muito importante correr atrás da própria felicidade, porque, assim como sua vida não deve ser definida por outra pessoa, você também não pode culpá-la por sua própria infelicidade. A escolha e as atitudes são inteiramente suas!

Para finalizar, espero que, se no passado algo fez com que sentisse que perdeu seu poder, este livro tenha ajudado a recuperá-lo. É muito importante para mim que as mulheres se enxerguem como realmente são: bonitas do jeito que escolheram ser. Se em algum momento você duvidar disso, retorne a este livro para recordar a realidade. ;)

Você vai se decepcionar uma,
duas, várias vezes,
vai achar que o seu dedo é podre.
Mas depois vai entender que podres,
mesmo, são algumas pessoas.

Toda FORMA de amor

Já dizia Caetano Veloso: "Qualquer maneira de amor vale a pena, qualquer maneira de amor vale amar..." ☺

Respeito acima de tudo!
O que vale é o amor,
independentemente da forma.
♥

Agora o papo é com você, cara. Já reparou que as mulheres estão cada vez mais seguras de si e precisam cada vez menos de nós, homens? Já reparou que a vida delas pode não necessariamente envolver nenhum representante do sexo masculino? Bom, espero que sim, porque, caso contrário, você não está querendo enxergar a realidade.

Vou jogar um papo direto e reto com você, barbudo, porque eu sei que "mimimi" não está com nada: quando você vai começar a valorizar de verdade a sua mulher? Não acha que já passou da hora? Pois é, você pode até achar que é o "rei do pedaço" apenas pelo fato de ser homem, mas isso é coisa do passado (ou da sua imaginação também).

Acontece que nenhuma mulher precisa de homem para sobreviver. É como já falei por aqui: as mulheres estão por aí se divertindo, pagando as próprias contas e colocando a felicidade pessoal delas como prioridade. Se é pra estar com alguém, dividir a vida com um parceiro, isso se dará única e exclusivamente por escolha pessoal, não uma imposição.

E sabe o que acontece se você não respeitá-la, tratá-la como ela merece de verdade? Aí pode ser tarde demais. Você correrá sérios riscos de perder a mulher da sua vida. Sendo honesto: você já era. É nesse momento que ela se dá conta de que é muito mais feliz sem você. Afinal, qualquer mulher pode e vai escolher o que é melhor pra vida dela e, se você não tomar jeito, esse destino pode não incluir você.

Além do mais, se ela não te quiser, sabe o que você tem que fazer? Aceitar numa boa, afinal, é a escolha dela. Uma exclusão do seu nome da lista de contatos nada tem a ver com o fato de que ela "não presta"; apenas demonstra que ela tem mais o que fazer com a vida dela. Os planos dessa mulher podem já estar preenchidos com coisas que a completam mais do que qualquer homem: acordar cedo para trabalhar com o que ela gosta, curtir os bons momentos e levar a vida com leveza.

ADVERTÊNCIA: se você gosta da sua mulher, está na hora de tratá-la como ela merece. Está na hora de ser homem de verdade e fazer jus à sua barba. Porque, enquanto você está aí só pensando no futebol, recebendo nudes de outras mulheres nos grupos do WhatsApp ou esquecendo de demonstrar o quanto ela é importante, pode ser que a sua vez já tenha passado. E aí não adianta voltar chorando com um buquê de rosas nos braços, porque mulher decidida pode ser mais fria do que um frigorífico!

É por isso que estou te falando numa boa, estou te dando um conselho. Enquanto os homens não compreenderem e respeitarem as mulheres por completo, o jogo vai sempre terminar no 0 x 0. Ou melhor: 1 x 0 para a mulher, que sai ganhando ao se respeitar e descobrir a própria força em sua essência. Mulher que, inclusive, no futuro, pode encontrar e ser feliz com um cara que não seja um banana, como outros por aí...

Homem que faz jus à barba	Os outros
Dedica-se integralmente a uma única mulher.	Galinha. É o rei dos "contatinhos". (Quem tem todas não tem nenhuma, cara. Presta atenção!)
É decidido e faz planos para o futuro. Quer se casar, ter filhos e constituir uma família.	Indeciso. Não sabe nem o que escolher para o jantar.
Tem caráter e honra sua palavra.	Já ouviu falar no homem mágico? É aquele que promete tudo num dia e no outro toma chá de sumiço e adquire amnésia.

Demonstra carinho e está sempre presente, mas também dá espaço para sua amada se divertir e ser feliz.	*Pegajoso, é ciumento ao extremo e não dá chance nem de a amada ir ao banheiro em paz.*
É educado e trata quem ele ama com respeito e atenção.	*É grosso e sem educação. Fala com a companheira como se estivesse falando com um desconhecido. (Não devemos ser mal-educados com ninguém, viu? #ficadica)*
Lava, passa, cozinha e divide as tarefas domésticas de igual para igual com a parceira.	*Acha que serviço doméstico é coisa de mulher. É desorganizado e mimado.*
Coloca a mulher que ama em primeiro lugar.	*Ama mais os amigos do que a mulher. Amigo liga, ele atende na hora e já está pronto pro rolê. (Cuidado para não ser segunda opção dela também, cara.)*
Não tem vergonha de demonstrar para o mundo inteiro quem é o amor da sua vida.	*Faz post misterioso na rede social para agradar todos os contatinhos.*

E aí? Qual deles você é?

Está pronto para ser homem de verdade e fazer jus à sua barba?

AGRADECIMENTOS

Agradeço primeiramente a Deus. A Ele, toda honra e toda a glória.

Esta obra é dedicada ao meu filho, Enzo Avelar, fator transformador da minha vida, um divisor de águas. Obrigado por despertar em mim, todos os dias, a vontade de ser alguém melhor, um homem com valores, princípios, humildade e senso de responsabilidade. Confio a ti o meu legado: propague o amor; só ele é capaz de mudar o mundo. Amo você, cara!

À minha mãe, dona Neuracy. A senhora é uma rainha. Obrigado pelos ensinamentos e exemplos práticos. Obrigado por me mostrar que o trabalho dignifica o homem. Se eu tiver 10% da força e da garra que a senhora teve para nos criar, serei o melhor pai e chefe de família que este mundo já viu. Amo você.

À minha irmã, Katiane Avelar. Obrigado por ser minha confidente, minha parceira e meu porto seguro. Obrigado por me manter nos trilhos, obrigado pelos puxões de orelha, por acreditar nos meus sonhos e nos meus projetos loucos, por me mostrar a fé. Obrigado pela sobrinha linda. Kat, o tio te ama. Amo muito a família Avelar Mascarenhas.

À minha doce Amanda, minha noiva, mulher de fibra, companheira. Obrigado por me mostrar que o amor está nas pequenas coisas, nos detalhes. Obrigado por me inspirar e por me permitir desfrutar todos os dias da sua doce presença. Amo você e amo as pessoas que nos tornamos.

Aos meus avós, Clemente José Avelar e Veneranda Rodrigues Avelar. Obrigado pelos preceitos e por me ensinar o valor da família. Nós nos veremos novamente e nos abraçaremos, na nova Jerusalém.

À minha família e aos amigos, muito obrigado! Minhas tias, primos e primas, vocês são maravilhosos! Primas – todas –, vocês são uns "mulherão da p%#@*". Tenho muito orgulho de vocês e do que vocês se tornaram: mulheres incríveis, batalhadoras e lindas! Vamos em frente.

À editora Universo dos Livros: à Marcia Batista e a toda a sua equipe. Obrigado por tornar este sonho uma realidade. Às moderadoras do grupo "Faça jus à sua barba Brasil". Renata e Mariana: obrigado por cuidar do grupo com tanto carinho.

Um agradecimento especial a cada seguidor da página "Faça Jus à sua barba Brasil". Obrigado por fazer parte da minha história, obrigado por me acolher com tanto carinho. Sou por vocês!

Vamos em frente!